수학교과서 관련

1학년 1학기
3. 여러 가지 모양
4. 더하기와 빼기
5. 비교하기

1학년 2학기
2. 여러 가지 모양
3. 10을 가르기와 모으기
4. 덧셈과 뺄셈 (1)
5. 시계

와이즈만 수학동화
수학도깨비

1판 1쇄 발행 2012년 7월 5일
1판 13쇄 발행 2024년 9월 30일

서지원 글 | 우지현 그림 | 와이즈만 영재교육연구소 감수

발행처 | (주)창의와탐구
발행인 | 염만숙
출판사업본부장 | 김현정
편집 | 이혜림 양다운 이지웅
디자인 | 이재경
마케팅 | 강윤현 백미영 장하라

출판등록 | 1998년 7월 23일 제22-1334
주소 | 서울특별시 서초구 남부순환로 2219 나노빌딩 5층
전화 | 마케팅 02-2033-8987 편집 02-2033-8983
팩스 | 02-3474-1411
전자우편 | books@askwhy.co.kr
홈페이지 | mindalive.co.kr

저작권자ⓒ2012 서지원 우지현
이 책의 저작권은 서지원 우지현에게 있습니다.
저자와 출판사의 허락 없이 내용의 일부를 인용하거나 발췌하는 것을 금합니다.

수학 도깨비

서지원 글 | 우지현 그림 | 와이즈만 영재교육연구소 감수

와이즈만 BOOKs

 저자 글

처음 만나는 '만화보다 재미있는 수학책'

    이제 초등학생이 된 여러분, 반가워요. 그리고 2학년 여러분도요. 새로운 학교생활은 재미있나요? 친구들은 많이 사귀었고요? 첫 단추를 잘못 꿰면 모든 일이 틀어져 버리는 것처럼, 초등학교 저학년 때의 공부 습관과 생활 습관은 참 중요해요.

    그중의 하나가 바로 수학이에요.

    초등학교에서 처음 시작하는 수학은 크게 어렵지 않아요. 하지만 학년이 올라갈수록 수학은 어려워지지요. 그리고 여러분은 중학교, 고등학교까지 12년 동안 수학을 배우게 돼요. 학년이 올라갈수록 12단계의 수학은 정말 어려워져서 나중에 '수포자'가 생기기도 한답니다. 수포자란 '수학을 포기한 자'란 뜻이에요. 수학을 포기하면 여러분은 꿈을 이룰 수 없어요. 그만큼 수학은 우리 인생에서 매우 중요하답니다.

그러면 왜 어른들은 수학 같은 걸 만들어서 여러분을 괴롭히는 걸까요? 수학 문제를 자꾸 틀리는 친구, 구구단을 못 외워서 엄마께 혼이 나는 친구, 수학 시간이면 가슴이 답답하고, 자꾸 딴생각이 나는 친구라면 이 책이 큰 도움이 될 거예요. 수학책보다 만화책이나 동화책이 더 재미있다고 생각하는 친구도 이 책을 읽어 보세요. 그러면 수학을 동화나 만화를 보는 것보다 더 재미있게 공부할 수 있어요.

여러분은 이 책을 한 번만 읽지 말고 여러 번 읽어 보세요. 그러면 수학 공부가 정말 쉬워지고, 수학 시간에 선생님이 하시는 말씀이 귀에 쏙쏙 들어올 거예요. 그리고 이 책에 나오는 동이, 성조, 아영이, 앵두처럼 여러분의 생활 속에서 수학을 찾아보세요. 도형을 찾아보고, 수를 세어 보고, 마트에 가서도 머리셈으로 계산을 해 보세요. 그러면 그럴수록 수학이 언제나 여러분과 함께하고 있다는 걸 알 수 있을 거예요.

서지원

차례

저자 글
처음 만나는 '만화보다 재미있는 수학책' · 4

1
깊은 숲 속 바위 굴 속에 도깨비가 산대! · 10

2
도깨비, 그리고 네 아이의 소원 · 40

수학도깨비에 나오는 사람들

밀짚 모자를 쓰고
산으로 들로 누비고 다니며 자연 속에서
뛰노는 게 제일 좋은 아이.
호기심이 많고 모험심이 많지만
가끔 허풍도 치는 귀여운 8살 소년이다.
여름 방학을 맞아 시골로 놀러온
도시 소년 성조에게 질투를 느낀다.

김동이

조아임

한성조

짧은 반바지에 샌들을 신고
다니는 털털한 성격의 8살 소녀.
씩씩해 보이지만 엄마 아빠와
떨어져서 할머니와 사는 아픔이 있다.

얼굴이 하얗고 뿔테 안경을 쓴 성조는
누가 봐도 공부 잘하게 생긴
8살의 도시 소년이다.
여름 방학을 맞아 할머니 댁으로
놀러 왔다가 3명의 시골 친구들과
도깨비를 잡으러 모험을 떠나게 된다.

도깨비를 잡으러 숲을 찾아온
4명의 아이들을 몰래 지켜보며
장난을 치는 귀여운 아기 도깨비이다.
도깨비방망이를 뚝딱 내리쳐
아이들의 소원을
이루어지도록 해 준다.

아기 도깨비

양 갈래로 땋은 머리에
치마를 입고 다니는
8살의 새침한 소녀.
동이와는 다르게 말끔해 보이는
성조에게 호감을 느낀다.

이영두

김진수

18살. 동이의 사촌 형으로
숲 속에서 길을 잃고 헤매는
4명의 아이들 앞에 갑자기
나타나 도움을 준다.

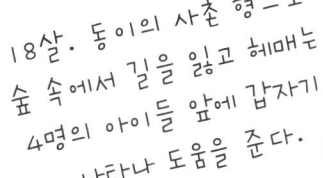

깊은 숲 속 바위 굴 속에
도깨비가 산대!

"아영아, 놀자!"
"앵두야, 놀자!"

이른 아침부터 온 마을이 쩌렁쩌렁.
동이가 아영이와 앵두를 우렁차게 불러 대요.
동이와 아영이, 앵두는 여덟 살짜리 동갑내기 친구예요.
오늘은 세 친구가 처음 맞는 여름 방학 첫날이에요.

"동이야, 우리 냇가에서 송사리 잡자!"
아영이가 병을 들고 허겁지겁 달려 나왔어요.
짧은 반바지에, 샌들을 신은 차림새가
냇가에서 딱 놀기 좋아 보였어요.
그런데 동이는 아영이를 보고 고개를 갸우뚱.
"그 병을 어디다 쓰려고?"
"송사리를 잡아서 넣어야지."
"에잇, 바보야. 뭘 가지고 송사리를 잡을래?
우리는 그물도 없잖아."
그제야 아영이는 이마를 탁!
"아, 맞다! 그물!"

그때 앵두가 사뿐사뿐 걸어왔어요.

앵두는 오늘따라 머리를 양 갈래로 땋고

나풀거리는 치마를 입고 있어요.

평소 앵두라면 머리를 질끈 묶고 반바지를 입었을 거예요.

어, 앵두 옆에 처음 보는 남자아이가 있어요.

얼굴이 희고 말끔하게 차려입은 남자아이에요.

앵두가 남자아이를 소개해 주었어요.

"얘는 한성조야. 옆집 할머니네 손자이고, 우리랑 동갑이야."

성조가 싱긋 웃으며 손을 내밀었어요.

"앵두한테 너희 이야기 들었어. 반가워!"

"난 아영이야. 만나서 정말 반가워!"

아영이는 수줍게 인사했지요.

하지만 동이는 말없이 성조를 위아래로 쓱 훑어보았어요.
뿔테 안경을 쓴 성조는
아주 똑똑해 보였어요.
밤톨머리 동이보다 머리숱도 많고
닳아빠진 티셔츠를 입은 동이와 달리
깨끗한 옷을 잘 차려입었지요.
동이는 그런 성조가 몹시 못마땅했어요.
'뭔지 모르겠지만 마음에 안 들어!'

"내 이름은 김동이. 알아서 잘 모셔라."
동이는 깐족깐족 인사를 했어요.
그러자 앵두가 동이의 머리를 콩!
"에잇, 무슨 인사가 그래! 성조야, 미안해.
얘는 원래 이러니까 신경 쓰지 마."
아영이도 앵두를 거들었지요.
"그래, 그래! 동이는 원래 좀 그래."
성조는 재미있다는 듯 싱글싱글 웃기만 했어요.
그 모습에 동이만 속이 부글부글.
동이는 성조가 무척 얄미웠지요.
꼭 친구들을 성조에게 빼앗기는 것 같았거든요.
어떻게든 다시 친구들의 관심을 되찾고 싶었어요.

그때 좋은 생각이 문득 떠올랐지요.
"얘들아, 우리 도깨비 잡으러 가자!"
"도-깨-비?"
아영이와 앵두, 성조의 눈이 동그래졌어요.
동이는 어깨를 으쓱하며 말했어요.
"응! 저 산 너머 개울을 건너 숲 속에 있는 바위 굴에
도깨비가 산대."
"도깨비를 잡아서 뭐 하게?"
앵두가 고개를 갸웃하자, 동이는 팔짱을 끼고 에헴!
"소원을 비는 거야. 그러면 도깨비가 도깨비방망이로
뚝딱! 소원을 들어준대.
난 축구공이랑 축구화를 달라고 할 거야."

아영이와 앵두가 머뭇머뭇했어요.
"난 싫어. 무섭잖아."
"그러다 도깨비한테 잡아먹히면 어떡해?"
성조만 신이 나서 눈이 반짝!
"도깨비? 도깨비가 진짜 있어? 가자, 가자!
나도 도깨비한테 소원 빌래!"
그러자 앵두와 아영이가 못 이기는 척 말했지요.
"성조가 가면 우리도 따라가 볼래."
동이는 기회를 놓치지 않고 얼른 큰 소리로 외쳤어요.
"그럼 준비하고 마을 입구에서 만나!"
"알았어!"
네 친구는 각자 집으로 우르르.

잠시 뒤, 네 친구는 마을 입구에 모였어요.
동이가 앞장서며 큰 소리로 외쳤어요.
"자, 이제 도깨비 잡으러 가자!"
"가자! 가자!"
모두 사이좋게 출발!

네 친구는 노래를 부르며 꼬불꼬불 오솔길을 걸었어요.

얼마나 걸어갔을까. 어느새 배 속에서 꼬르륵꼬르륵.

"아, 노래 불렀더니 배고파졌어."

"나도 배고파서 한 발짝도 못 걷겠어."

앵두와 아영이가 자리에 털썩 주저앉았지요.

그러자 성조가 작은 가방을 열며 말했어요.

"우리 초콜릿 먹고 가자."

성조는 동그란 딸기 초콜릿 4개와

네모난 아몬드 초콜릿 5개를 꺼냈어요.

동이, 아영이, 앵두, 성조는

어떻게 초콜릿을 나누어 먹어야 할까요?

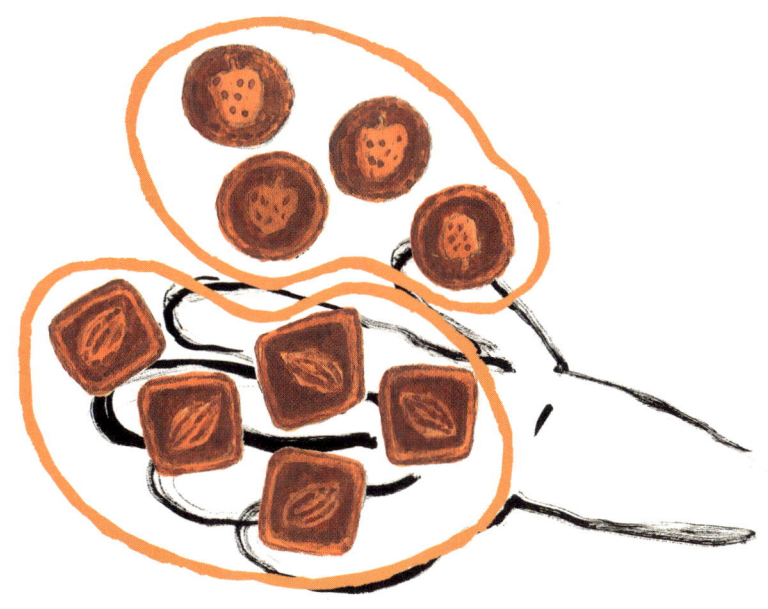

먼저 동이와 앵두가 앞다투어 말했어요.

"난 딸기 초콜릿!"

"나도!"

성조는 동이에게 딸기 초콜릿 4개를 건넸어요.

"너희 둘이 나눠 먹어. 나랑 아영이랑 나눠 먹을게."

"알았어!"

동이는 딸기 초콜릿 4개를 덥석 받아 들었어요.

그리고 딸기 초콜릿을 1개와 3개로 가르고

앵두에게 1개를 내밀었지요.

"앵두는 초콜릿 먹고 살찌면 안 되니까 1개."

그러자 앵두가 소리를 빽!

"됐거든!"

앵두는 동이의 손바닥에 있는 딸기 초콜릿을 1개 냉큼 빼앗았어요.

"자, 봐. 너 2개, 나 2개. 이래야 공평하지!"

동이와 앵두가 티격태격하는 동안, 아영이는 네모난 아몬드 초콜릿 5개를 2개와 3개로 갈랐어요.

"난 2개만 먹을게. 네가 3개를 먹어."

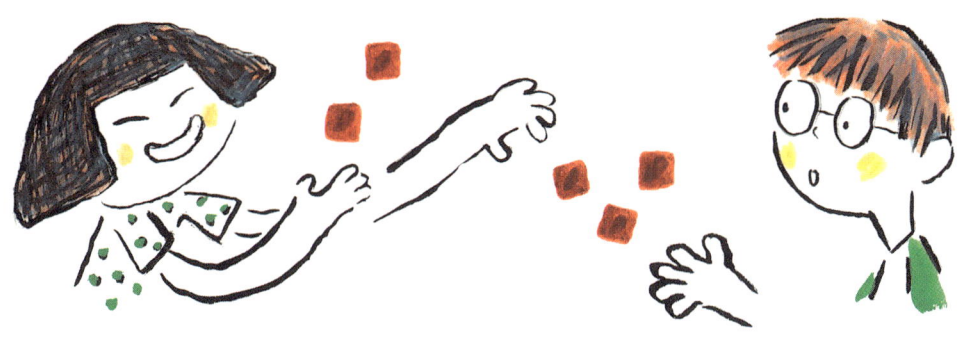

하지만 성조는 고개를 저으며 아영이의 초콜릿과 바꾸었지요.
"괜찮아. 네가 3개를 먹어. 난 2개만 먹어도 돼."

그 모습을 본 앵두가 동이의 귀를 홱 잡아당겼어요.
"아휴, 너도 성조 좀 보고 배워! 얼마나 신사답고 멋지니?"
"아야야, 귀 떨어지는 줄 알았잖아!"
동이는 앵두에게 잡혔던 귀를 만지며 입술을 삐죽삐죽.
'쳇, 내가 뭘 잘못했다고. 에잇, 다 저 녀석 탓이야!'
동이는 성조가 얄미워 견딜 수가 없었어요.
성조와 비교당하는 것도 무척 자존심 상했고요.

어떻게든 아영이와 앵두에게 성조보다 멋진 모습을
보이고 싶었어요.
'뭔가 좋은 방법이 없을까?'
그때, 저만치 앞에 빨갛게 잘 익은 산딸기가 보였지요.
"우아, 산딸기다!"
동이는 얼른 산딸기 쪽으로 뛰어갔어요.
아영이와 앵두에게 맛있는 산딸기를 따다 주면
분명 좋아할 테니까요.
동이는 크고 탐스러운 산딸기만 골라서 똑! 똑! 똑!
9개나 땄지 뭐예요.
동이는 1개를 얼른 제 입속에 쏙!
'8개를 아영이랑 앵두한테 4개씩 갈라 줘야지.
흥, 성조에게는 하나도 안 줄 거야.'

그 순간, 동이의 머릿속에 더 멋진 계획이 떠올랐어요.
동이는 얼른 손으로 나팔을 만들어 친구들을 불렀어요.
"얘들아, 여기 산딸기 천지야. 빨리 이리 와!"
아영이와 앵두, 성조가 쪼르르 달려왔지요.
동이는 산딸기를 쥔 손을 등 뒤로 감추며 말했어요.
"누가 산딸기 더 많이 따는지 내기할래?
음, 1등 하면…… 무조건 1등이 시키는 대로 하기! 어때?"
세 친구는 흔쾌히 고개를 끄덕끄덕.
"재미있겠다. 빨리 시작해."
"하나, 둘, 셋! 시작!"
동이가 신호를 보내자,
세 친구는 서로 뒤처질세라 숲 속으로 후다닥!
동이는 친구들이 뛰어가는 모습을 보며
느긋하게 몸을 반대 방향으로 돌렸지요.
'히히, 난 이미 산딸기를 8개나 갖고 있지.'
동이는 빨갛게 잘 익은 산딸기를 하나 똑!
또 하나를 똑 땄지요.

'8개에다 2개 더하면 10개. 벌써 10개야, 10개!'
동이는 절로 신바람이 났어요.

"동이야."

그때 갑자기
나무 사이로
앵두가 나타났어요.
앵두는 동이에게
스르륵 다가오더니
불쑥 손을 내밀었어요.

"자, 이거 받아."

앵두가 준 것은 빨간 산딸기 7개였어요.

"동이야, 너 1등 하고 싶지? 그래서 성조를 골려 주고 싶지?"

순간 동이는 가슴이 철렁했어요.

"그, 그걸 어떻게……. 아니야, 아냐!"

하지만 앵두는 싱글싱글 웃을 뿐이었어요.

"동이야, 얼른 산딸기를 세 봐.
네 거랑 내 거를 합치면 모두 몇 개야?"

동이는 머뭇머뭇하며 산딸기를 세 보았어요.

"야, 17개나 되네."

동이는 웃음이 실실 나왔어요.

내가 7개를 줄게.
모두 합하면 몇 개지?

내가 딴 산딸기 10개 묶음에
7개를 합하면 10+7=17개네.

"우리 같이 산딸기 따자. 내가 너 1등 할 수 있게 도와줄게."

앵두가 방긋 웃으며 말했지요.

동이는 그런 앵두가 고마우면서도 좀 이상했어요.

'왜 앵두가 나를 도와주지?'

동이가 어리둥절해 하는 사이에,

앵두는 산딸기 2개를 따서 동이에게 건넸어요.

"자, 받아."

동이는 앵두가 내미는 산딸기를 받았어요.

10개 묶음이 하나, 낱개 7개에 2개를 더하면 10+7+2=19개야!

2개를 더 주면 모두 몇 개지?

"동이야, 너 1등 하면 뭐 하려고?

성조한테 당장 집으로 돌아가라고 할 거야?"

"아, 아니야."

"왜? 넌 성조를 싫어하잖아."

동이는 속마음을 들킨 것 같아 얼굴이 빨개져서 고개를 홱홱.

"아, 아주 조금 얄미운 거지. 싫어하지 않아."

"진짜? 진짜? 하늘에 맹세할 수 있어?"

앵두가 되묻자, 동이는 또박또박 힘주어 대답했어요.

"당연하지! 난 성, 조, 를, 안, 싫, 어, 한, 다, 고."

"그럼 앞으로 성조랑 사이좋게 지낼 수 있겠네?"

"어? 어…… 어!"

아이고, 그런데 이걸 어쩌면 좋지요?

긴장한 동이가 주먹을 불끈 쥐는 바람에

그만 산딸기가 짓물러졌지 뭐예요.

동이의 손에서 빨간 산딸기 물이 뚝뚝.

"어떡해!"

얼른 손바닥을 폈지만 산딸기 여러 개가
이미 뭉그러져 있었지요.

*"괜찮아. 짓무른 산딸기는 버리고 새로 따자.
몇 개나 남았어?"*

앵두가 산딸기를 들여다보며 말했어요.

*"그래도 11개나 남았네.
우리 둘이 열심히 따면 금방 많이 딸 수 있을 거야."*

앵두는 동이의 손을 덥석 잡았어요.

"동이야, 우리 다른 데 가서 산딸기 따자.
내가 산딸기 많이 열린 곳을 알아."
앵두는 깊은 숲 속을 가리키며 동이를 세게 잡아끌었어요.
"어? 어."
동이는 앵두의 손에 이끌려 울창한 숲 속으로
한 발, 한 발, 또 한 발.

그때였어요.
"동이야! 동이야! 어디 있어?"
"이제 그만 따고 나와! 우리 산딸기 먹자!"
아영이와 성조의 목소리가 들렸어요.

동이는 정신이 번쩍 들었어요.
"응! 지금 갈게!"
얼른 큰 소리로 대답하고 앵두에게 말했어요.
"앵두야, 너무 깊이 숲 속으로 들어가면 위험해. 우리 돌아가자!"
"하지만 아직 산딸기를……."
앵두가 미적대자, 동이는 싱긋 웃어 보였어요.
"산딸기 먹자고 부르고 있잖아. 빨리 가자!"
동이는 앵두의 손을 꼭 잡고
아영이와 성조가 있는 쪽으로 걸어 나갔어요.
마침내 친구들과 만나는 순간…….

"동이야! 산딸기 많이 따 왔어?"

어, 앵두예요.

이게 어떻게 된 일일까요?

앵두가 아영이랑 성조랑 함께 있지 뭐예요.

동이는 까무러칠 듯 놀랐어요.

"어? 앵두, 너, 너."

동이가 말을 더듬더듬하며 잇지 못하자,

앵두는 눈을 동그랗게 뜨고 고개를 갸우뚱.

"너 왜 그래? 무슨 일 있어?"

아영이와 성조도 고개를 갸웃갸웃.

"그나저나 그 나뭇가지는 웬 거야?"

"꼭 사람 팔처럼 생겼다."

동이는 자기 손을 내려다보고

그만 소리를 빽 질렀어요.

"으아아악!"

방금 전까지 꼭 잡고 있던 앵두의 손이
나뭇가지로 변해 있지 않겠어요?
동이는 놀랍고 무서워서 머리가 어질어질했어요.
"애, 앵두 너. 아까 나랑 안 만났어?"
"나 아까부터 여기 있었는데?"
아영이와 성조도 앵두를 거들고 나섰어요.
"그래, 우리 계속 같이 있었어."
동이는 온몸에 소름이 오소소 돋았어요.
그러면 동이는 대체 누구와 함께 있었던 걸까요?

2
도깨비, 그리고
네 아이의 소원

어느덧 해가 하늘 높이 떠올랐어요.
뜨거운 여름 햇볕이 쨍쨍 내리쬐니, 땀이 비 오듯 흘렀지요.
"아, 더워서 못살겠어."
"목이 말라. 물!"
더위에 약한 동이와 아영이는 숨을 헉헉댔어요.
앵두와 성조도 더워서 힘이 드는지
말없이 터덜터덜 걷기만 했지요.

그때 어디선가 물 흐르는 소리가 들렸지요.

졸졸, 졸졸, 졸졸.

아이들은 눈이 반짝!

너도나도 소리가 나는 쪽으로
후닥닥 달려갔지요.

"우아, 계곡이다!"
보기만 해도 시원한 계곡에서
맑은 물이 찰찰 흐르고 있지 않겠어요?
"야호!"
가장 먼저 동이가 웃통을 훌렁 벗고 물속으로 풍덩!
아영이와 앵두도 얼른 바지와 치마를 올려 잡고
물속으로 참방참방.

그러나 성조는 혼자 물가에서 멀뚱멀뚱
손만 살짝 물에 담갔지요.
그 모습을 본 동이는
앵두와 아영이에게 몰래 신호를 보냈어요.
'성조를 물에 빠뜨리자!'
앵두와 아영이는 알았다는 듯 고개를 끄덕였어요.
세 친구는 성조를 향해 살금살금.
"성조야, 같이 놀자!"

아영이와 앵두가 성조의 등을 힘차게 밀었지요.
그 바람에 성조는 그만 차가운 물속으로 풍덩!
"어푸, 어푸푸!"

"자, 이제 시작이다! 공격!"
동이가 먼저 성조에게 물을 끼얹자,
앵두와 아영이도 질세라 따라 했지요.
"아, 그만, 그만해! 에잇, 모르겠다!"
처음에는 이리저리 피하던 성조도
동이와 앵두, 아영이를 향해 물을 뿌리기 시작했어요.
물방울이 사방으로 튀어 오르며 마치 빗방울처럼 흩날렸어요.
네 친구는 물장구치느라 시간 가는 줄도 몰랐어요.

실컷 놀고 나서야 바위 위에 옹기종기 앉았지요.
그때 갑자기 앵두가 물었어요.
"그런데 도깨비는 어떻게 생겼을까?"
아이들은 저마다 생각을 하나씩 말했어요.

이번에는 동이가 물었어요.
"진짜 도깨비를 잡으면 어떤 소원을 빌 거야?"

아영이만 혼자 말없이 고개를 푹 숙이고 있었지요.
앵두가 아영이에게 물었어요.
"아영아, 너는 소원 없어?"
"나는……."
아영이는 머뭇머뭇하다가 입을 열었어요.
"엄마 아빠와 같이 살게 해 달라고 빌래."
순간 친구들은 입을 다물었어요.
아영이네 엄마 아빠는 일하느라
무척 바쁘시거든요.
그래서 아영이는 엄마 아빠와 떨어져서
할머니와 함께 살고 있어요.

갑자기 성조가 말했어요.

"우리 다 함께 소원 탑을 쌓을래?"

아이들은 눈을 동그랗게 뜨고 고개를 갸웃갸웃.

"소원 탑?"

"응. 돌멩이로 탑을 쌓고 소원을 비는 거야.

우리 같이 소원 탑을 쌓아서

아영이네 엄마 아빠가 빨리 돌아오시게 해 달라고 빌자."

성조의 말이 끝나자마자

앵두와 동이가 벌떡벌떡 일어났어요.

"좋아! 빨리 시작하자."

동이와 앵두, 성조는 뿔뿔이 흩어져
돌멩이를 찾았어요.
동이는 수풀 사이를 뒤적뒤적
납작하고 편편한 돌을 찾아냈지요.

"와, 요 돌은 꼭 공책처럼 생겼잖아.
이거는 내 수첩이랑 똑같네."
그런데 동이의 뒤에서 목소리가 들리지 뭐예요.
"그렇게 생긴 모양이 바로 네모 모양이야."
동이가 바로 뒤돌아보았지만 아무도 없었어요.
"이상하다, 누가 말한 거지?"

성조는 계곡 바닥을 휘적휘적,
동글동글하고 반질반질한 돌을
골랐지요.
"커다란 동전같이 생겼어.
이 돌로 탑을 장식하면 예쁘겠지?"
그때 성조의 귓가에 낮은 웃음소리가 들렸어요.
"후후, 동그라미 모양을 찾았구나."
놀란 성조가 얼른 주변을 두리번댔지만
개미 한 마리도 보이지 않았지요.
'내, 내가 더위를 먹었나?'

한편 앵두는 탑을 쌓을 자리를 다지고 있었어요.
밑바닥이 튼튼해야 탑이 쓰러지지 않을 테니까요.
"자, 이 정도면 되겠지?
 그런데 뭔가 좀 허전하네. 왜 그럴까?"
앵두는 고개를 갸우뚱갸우뚱.

그때였어요.

풀잎들이 바르르 떨리면서 이상한 소리가 들렸어요.

"바위 틈 사이를 살펴봐."

앵두는 깜짝 놀라 눈이 휘둥그레졌지요.

"누, 누구야……."

용기를 내어 둘러보았지만 아무도 없고

오로지 앵두 혼자뿐이었어요.

앵두가 혹시나 싶어
바위 틈 사이를 살펴보자,
뽀족한 모양의 돌들이 우르르.
꼭 삼각자 같기도 하고
트라이앵글 같기도 했지요.
"잘했어! 세모 모양 돌들이 참 예쁘지?"
또다시 이상한 소리가 들렸지요.
앵두는 등줄기가 오싹했어요.
조심스레 돌아보았지만
여전히 아무도 없고 앵두 혼자였어요.
"이게 어떻게 된 일이지?"

그사이 아영이는 혼자 계곡 위쪽으로 올라갔어요.
'아주 예쁜 돌을 찾고 싶은데……'
엄마 아빠가 돌아오시게 하려면
평범한 돌로 소원을 빌어서는 안 될 것 같았거든요.
'특별한 돌이 필요해!'
하지만 아무리 둘러보아도
아영이 마음에 쏙 드는 돌이 없었어요.
바로 그때였어요.

"*아영아.*"
난데없이 동이가 나타났지 뭐예요.
아영이는 깜짝 놀랐어요.
'동이가 언제 날 따라왔지?'

동이는 싱글싱글 웃으며 아영이에게 다가왔어요.

"아영아, 나랑 게임하자."

"게, 게임?"

"응. 내가 문제를 낼 테니까 맞혀 봐.
정답을 맞히면 선물을 줄게."

아영이는 어리둥절했어요.

동이가 전혀 다른 사람 같았거든요.

'동이가 왜 이러지?'

하지만 동이는 아랑곳하지 않고 계속 졸라 댔지요.

"게임할 거지? 응?"

"으, 응. 할게."

아영이가 마지못해 고개를 끄덕이자,

동이는 기다렸다는 듯 주머니 속에서

뭔가를 꺼냈어요.

세모, 네모, 동그라미 모양의

돌멩이들이었지요.

"규칙 알아맞히기 게임이야. 내가 돌멩이를 늘어놓으면 그 다음에 어떤 돌멩이가 올지 맞혀 봐."
동이는 돌멩이를 하나씩 놓았어요.

"자, 다음에는 어떤 모양의 돌멩이가 와야 할까?"
동이는 씩 웃으며 아영이를 바라보았어요.
아영이는 곰곰이 생각했어요.
'네모 모양 다음에 세모 모양이고,
그다음에 동그라미 모양이 오니까……'
아영이는 자신 있게 세모 모양의 돌멩이를 놓았어요.
"네모 모양 다음에는 세모 모양이 와야 해."
그러자 동이가 손뼉을 짝 쳤어요.
"정답! 잘했어, 아영아."

동이는 아영이에게 기둥 모양의 통을 하나 내밀었어요.

"약속한 대로 선물이야."

아영이는 얼른 통 속에 손을 넣어 보았지요.

"이게 뭐야?"

통 안에는 작은 상자가 들어 있었어요.

아영이는 작은 상자를 들고 고개를 갸우뚱갸우뚱.

"아직 게임이 안 끝났거든. 진짜 선물은 그 안에 들어 있어."

동이는 다시 주머니 속에서 뭔가를 꺼냈어요.

이번에는 까만 돌멩이와 하얀 돌멩이였어요.

"아까처럼 규칙 알아맞히기 게임이야.

다음에 어떤 색깔의 돌멩이가 올지 맞히면 돼."

동이는 돌멩이를 둘씩 짝지어 늘어놓았어요.

"됐어. 이제 네 차례야."

아영이는 눈을 크게 뜨고 돌멩이들을 보았어요.

'위가 까만색이고 아래가 하얀색이잖아. 그럼······.'
아영이는 위에 까만 돌멩이를, 아래에 하얀 돌멩이를 놓았어요.

"어때? 맞았지?"
아영이가 자신만만하게 말하자, 동이가 손뼉을 짝!
"응, 정답이야!"

"이제 정말 선물을 줄게."
동이는 손뼉을 세 번 쳤어요.

짝!

　짝!

　　짝!

그러자 마법처럼 작은 상자가 뽕 열리고,
상자 안에서 반짝이는 하얀 돌이 나왔어요.

"우아, 이런 돌멩이는 처음 봐. 하얀 공 같아."
아영이는 신기해서 돌멩이를 요리조리 보았지요.
아영이는 방긋 웃으며 동이의 손을 잡았어요.
"동이야, 정말 고마워! 우리 빨리 내려가자.
얼른 소원 탑 위에 이 돌을 올리고 싶어."
"그래."
아영이와 동이는 함께 계곡 아래로 종종.

"아영아, 얼른 와!"
앵두와 성조가 아영이를 보고 손짓했어요.
그런데 이게 웬일일까요?
앵두와 성조 옆에 동이가 있지 뭐예요.
아영이는 너무 놀라 그만 우뚝 서고 말았어요.

"도, 동이가 왜 저기 있지? 그럼……."
아영이는 덜컥 겁이 났어요.
조심스레 뒤를 돌아보자 방금 전까지 함께 있던 동이가
온데간데없이 사라지고 없지 뭐예요.
순간 아영이는 눈앞이 아득해졌어요.
그럼 아까 아영이와 함께 있었던 동이는 누구였을까요?

아영이는 친구들에게 다가가
살그머니 손바닥을 펴 보였어요.
아까 동이에게 받은 동그란 모양의 돌이
햇빛을 받아 반짝 빛났지요.
앵두가 하얀 돌을 보고 호들갑을 떨었어요.
"우아, 진짜 예쁘다. 이거 어디서 났어?"
"저, 그게……."
아영이는 쉽게 대답하지 못하고 머뭇머뭇.
성조가 앵두의 옆구리를 쿡 찌르며 말했지요.
"아무렴 어때. 야, 우리 빨리 탑 쌓자."

납작한 돌을 하나 놓고,

그 위에 편편한 돌을 또 하나 놓고.

아이들은 하나씩 하나씩

조심조심하며 튼튼하게 탑을 쌓아 올렸어요.

어느새 소원 탑이 거의 다 만들어졌어요.

이제 아영이가 마지막 돌만 올려놓으면 돼요.

아영이는 하얗고 동그란 돌을

맨 위에 조심조심 올렸어요.

짜잔! 소원 탑이 완성되었어요!

아영이는 두 손을 모으고 눈을 꼭 감았지요.

'엄마 아빠, 빨리 돌아오세요! 얘들아, 정말 고마워!'

그리고 잠깐 망설이다 생각했어요.

'아까는 놀랐지만…… 예쁜 돌을 줘서 고마워.
그런데 동이가 아니라면 도대체 너는 누구니?'

3
이상하고 수상하고
무서운 집

도깨비 잡으러 산으로 갈까나.
도깨비 잡으러 바다로 갈까나.
이영차! 도깨비 잡아 가지고서
라라라라 라라라라 온다나 ♩

동이와 아영이, 앵두 그리고 성조는
신 나게 노래를 부르며 숲길을 타박타박.
그런데 갑자기 하늘이 흐려지더니
후드득후드득 빗방울이 떨어지기 시작했어요.
"앗, 소나기다!"
아이들은 손으로 머리를 가리고 갈팡질팡.

그때 저만치 앞에 낡은 집 한 채가 보였어요.
성조가 큰 소리로 외쳤지요.
"얘들아, 저기 집이 있어. 저기로 가자!"
아이들은 모두 집을 향해 후닥닥.

◉ 서낭당-토지와 마을을 지켜
　　준다는 서낭 신을
　　모신 곳을 말해요.

◉ 당집-서낭당, 국사당 같이
　　신을 모셔 두는
　　집을 말해요.

가까이 가 보니 평범한 집이 아니라
서낭당◉이었어요.
당집◉은 아주 낡고 군데군데 부서져 있었어요.
오랫동안 사람들이 찾지 않은 듯했지요.

삐거덕.

낡은 문을 열자 퀴퀴한 냄새가 코를 찔렀지요.
아이들은 어둑어둑한 안으로 조심스레 들어갔어요.
당집 안은 몹시 어지럽혀
있었어요.
낡은 물건들이 아무렇게나
굴러다니고 뽀얀 먼지가
수북하게 쌓여 있었지요.
벽에는 으스스한
그림들이 걸려 있었고요.

꼭 들어가야 돼?

왠지 무서워. 다른 데 가자.

아영이와
앵두는 주춤주춤
뒤로 물러섰어요.
"무, 무…… 무서워."
성조와 동이가 널브러져 있는
물건들을 치우고 대충 자리를 만들었어요.
네 친구가 다닥다닥 붙어 앉자 아까보다 훨씬
덜 무서웠어요.

비가 그칠 때까지만 여기 있자.

다른 데를 찾을 시간이 없어.

시간이 갈수록 바깥은 점점 어두워졌어요.

바람 소리가 **휭휭!**

번개가 번쩍하더니 천둥이 **우르릉 쾅!**

"엄마야!"

놀란 아영이와 앵두가 눈물까지 글썽이며 꼭 끌어안았지요.

묵묵히 앉아 있던 성조는 못 참겠다는 듯 벌떡 일어났지요.

"나 화장실 다녀올게."

아영이와 앵두는 눈물이 그렁그렁한 눈으로

성조를 바라보았어요.

"조, 조심해서 다녀와."

그런데 방금 나간 성조가

얼마 지나지 않아 돌아오지 않겠어요?

성조는 빙그레 웃으며 말했어요.

"얘들아, 우리 게임하자.

재미있는 게임을 하면 무섭지 않을 거야."

"게임? 무슨 게임?"

아이들은 고개를 갸우뚱갸우뚱.

성조는 나무토막 하나를 집더니
동이의 잠자리채랑 나란히 놓았어요.
"서로 길이를 비교해 보는 거야."

이번에는 부러진 초와 막대기,
기다란 끈을 나란히 놓았지요.
"어느 쪽이 가장 짧게?"
성조의 질문에,
세 친구는 곰곰이 생각했어요.

물건 3개를 비교할 때는 '가장 길다', '가장 짧다'고 말해야 해.

세 물건의 왼쪽 끝을 맞추니까 끈이 가장 많이 남는 걸.

초가 가장 모자라고.

그럼 초가 가장 짧은 거야!

"또 높이를 비교할 수도 있어. 잘 봐."

성조는 바닥에 굴러다니는 나무 인형 2개를 집었어요.

높이를 비교할 때 아래쪽을 맞춰야 해. 이때 위로 올라온 물건을 '더 높다', 내려간 물건을 '더 낮다'고 하지. 그러니까 이 나무 인형 둘은 높이가 똑같은 거야.

"그럼 성조야, 우리끼리 키도 비교할 수 있겠네. 누구 키가 더 크고 작은지 말이야."

앵두가 말했어요.

"물론이지. 나란히 서 봐."

네 친구는 후다닥 성조 앞으로 달려가 섰어요.

"그럼 우리 이번에는 내기를 하자."
동이가 스프링처럼 발딱 일어나며 말했어요.
"여기서 가장 가벼운 걸 찾아오는 사람이
이기는 거야. 어때?"
"좋아!"
아이들은 뿔뿔이 흩어져 구석구석 살폈지요.

아영이는 누렇게 바랜 종이 한 장,
앵두는 작은 깃털 하나,
성조는 납작한 먼지 한 덩이.
그런데 동이는……?

갑자기 동이는 콧구멍에 손가락을 쑥!
후비적후비적하더니 코딱지 하나를 파냈지요.
"자, 이거!"
그러자 아영이와 앵두가 기겁하며 펄쩍 뛰었어요.
"꺅, 더러워!"
"아이 참, 그걸 어떻게 만지라는 거야!"
하지만 그러거나 말거나 동이는 씩 웃으며

한 손에는 코딱지, 다른 한 손에는 종이를 들었어요.
"코딱지가 더 가볍고 종이가 더 무거워!"
동이는 깃털과 먼지 덩이도 차례로 들어 보았지요.
"히히, 코딱지가 가장 가벼우니까 내가 이겼지롱!"
"뭐야, 그런 법이 어디 있어!"
아영이와 앵두가 성난 소리로 대꾸하자,
동이는 손가락으로 코딱지를 퉁!
"그럼 너희가 직접 들어 볼래?"

그때 동이의 머리 위로 물방울이 똑!

"앗, 차가워!"

천장을 올려다보니 물이 똑똑 새고 있었어요.

동이, 아영이, 앵두는 얼굴이 하얗게 질려서 발만 동동.

"어떡해! 물이 새잖아!"

"괜찮아. 다들 빗물을 받을 만한 것을 얼른 찾아봐!"

성조만 침착한 목소리로 외쳤어요.

아이들은 부랴부랴 당집 안을 뒤졌어요.

앵두는 작은 단지를 들고 왔고,

아영이는 놋그릇 하나를 주워 왔지요.

동이는 넓데데한 항아리 뚜껑을 가져왔어요.

세 친구는 서로 찾아온 그릇을 두고 티격태격.

그런데 그 사이에 다른 곳에서도

물이 똑, 똑, 똑 떨어지지 않겠어요?

결국 물이 떨어지는 곳마다 그릇을 하나씩,

3개를 나란히 놓았어요.

우르릉 쾅쾅!

잠잠하던 바깥이 번쩍번쩍하더니
느닷없이 천둥이 쾅쾅 쳤어요.
"으앙!"
깜짝 놀란 아영이와 앵두는
자리에 납작 엎드려 바들바들 떨었어요.
동이도 귀를 틀어막고 웅크렸지요.

또다시 번개가 **번쩍!**
천둥이 **우르릉 쾅!**

그 순간, 문 앞에 검은 그림자가 어른어른했지 뭐예요.
아이들은 무서워서 심장이 멎는 듯했어요.
검은 그림자가 점점 다가오더니……,

삐거덕.

문이 열리고 누군가 불쑥 들어왔지요!
세상에, 이럴 수가.
검은 그림자는 바로 성조였어요.
아이들은 너무 놀라 그만 얼어붙고 말았어요.
방금 전까지 세 친구와 함께 놀던
성조가 언제 바깥에 나갔던 것일까요?

"서, 성조야. 어, 언제 밖에 나갔어?"
아영이가 파르르 떨리는 목소리로 물었어요.
그러자 성조가 이마를 찌푸렸지요.
"아까 화장실 갔다 온다고 했잖아! 아영이 너야말로 날 따라와서 불쑥 시계만 주고 사라지면 어떡해? 한참 찾았잖아!"
아이들은 어리둥절해졌어요.
앵두가 조심스레 입을 열었지요.
"성조야……. 아영이는 밖에 안 나갔었는데?"
동이도 한마디 했어요.
"그래. 지금까지 우리랑 계속 놀았어."
그러자 성조의 얼굴이 새파래졌어요.
"어? 그, 그럼……."
성조는 시계 하나를 내밀었어요.
뚜껑이 달린 동그란 회중시계였어요.
"아까 나한테 이 시계를 준 아영이는 누구지?"
동이와 앵두, 아영이도 입 모아 소리쳤지요.

"그럼 우리랑 같이 있었던 성조는 대체 누구야?"

◎ 회중시계 – 몸에 지닐 수 있게 만든 작은 시계를 말해요.

4
미래를 보여 주는
시계

빗줄기가 차차 가늘어지더니 어느새 비가 완전히 그쳤어요.

동이가 하늘을 올려다보며 말했어요.

"이제 비가 안 올 것 같아. 나가자."

주섬주섬 물건을 챙겨 나오자,

사방이 온통 희뿌연 안개로 뒤덮여 있었지요.

"아무래도 도깨비는 포기해야겠어."

"응. 배도 고프고…… 조금 무섭기도 하고…….

동이야, 우리 그냥 집에 가자!"

앵두의 말에 아영이도 찬성했지요.

"그래, 도깨비는 나중에 찾으러 오자."

성조도 할 수 없다는 듯 말했어요.

하지만 동이는 여전히 아쉬운 듯했어요.

"여기까지 왔는데……. 어쩔 수 없지 뭐."

결국 아이들은 발걸음을 돌려 집으로 향했지요.

서낭당으로 왔던 길을 뒤돌아 걷고

또 걷는데…….

갑자기 성조가 친구들을 불러 세웠어요.
"얘, 얘들아. 잠깐만!"
"왜 그래?"
"우, 우리…… 계속 같은 자리를
돌고 있는 것 같아.
여기 이 바위, 방금 지나쳤던 곳이야."
"뭐라고?"
모두 놀라서 주변을 이리저리 살폈어요.
그러고 보니 나무도, 바위도,
꼬부라진 길도 아까 지나온 곳이었어요.
"어, 어떻게 된 거지?"
앵두가 겁에 질려 울먹였어요.

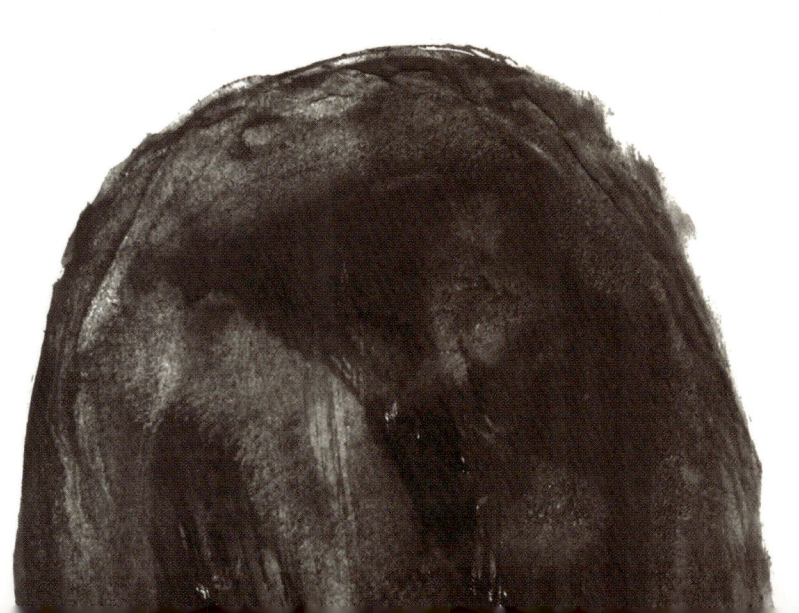

"길, 길을 잘못 들었겠지.
이번에는 다른 쪽으로 가 보자."
동이가 떨리는 목소리로 말했지요.
아이들은 조심조심 발걸음을 옮겼어요.
하지만 가도 가도 숲이 끝나지 않고,
오히려 더욱더 깊은 숲 속을
헤매는 듯했어요.
"우, 우리…… 길을 잃었나 봐."
"이, 이제 어떻게 하지?"

어쩌지?

바로 그때였어요!

부스럭.

수풀 사이로 무슨 소리가 들렸어요.
산짐승일까요? 아니면…….
아이들은 침을 꼴까닥 삼켰어요.
가슴이 쿵쿵! 마치 심장이 펑 터질 것만 같았지요.

부스럭,
　　　부스럭부스럭.

정체 모를 소리가 점점 가까워졌지요.
아이들은 달달 떨며 서로를 꼭 끌어안았어요.
무서워서 목소리도 나오지 않았어요.
그리고 마침내,
수풀 속에서 뭔가가 나왔어요!

"꺅, 엄마야!"

아이들은 눈을 감으며 소리 질렀지요.

그런데 귀에 익은 목소리가 들리지 않겠어요?

"얘들아, 여기서 뭐 해? 길 잃었어?"

아이들이 살그머니 눈을 떠 보니…….

"진수 형!"

동이가 반가운 목소리로 외쳤어요.

그제야 안심한 앵두와 아영이도 진수에게 와락!

"진수 오빠!"

진수는 동이의 사촌 형이에요.

동이보다 나이가 열 살이나 많은 고등학생이지요.

"괜찮아, 괜찮아."

진수는 아영이와 앵두의 머리를

가만가만 쓰다듬어 주었어요.

하지만 진수를 처음 보는 성조는 혼자 멀뚱멀뚱.
동이가 성조에게 말했지요.
"진수 형은 우리 사촌 형이야. 인사해."
그런데 진수는 성조가 인사할 틈도 주지 않고
대뜸 질문부터 했어요.
"네가 시계를 가지고 있니?"
"네, 아까 아영이가……."
성조는 말을 하다 말고 입을 다물었어요.
'아영이가 아니었지. 그 아이는 누구였을까?'
진수가 말했어요.
*"시계를 이리 줘 봐. 너희, 시계 읽는
법을 잘 모르지? 내가 가르쳐 줄게."*
성조는 기분이 좀 이상했어요.
'진수 형은 내가 시계를 갖고 있는지
어떻게 알았지?'

그리고 왜 시계를 찾는 걸까?'
의심이 꼬리를 물고 이어졌어요.
'날 처음 봤는데 누구냐고도
묻지 않고……'

"뭐 해? 얼른 달라니까."

진수가 재촉했어요.

친구들도 성조를 보며 고갯짓을 했지요.

'빨리 시계를 줘!'

성조는 할 수 없이 시계를 진수에게 건넸어요.

"여기 있어요."

진수는 시계를 받아 들고 말했어요.

"시계를 보면 짧은 바늘이랑 긴 바늘이 있어.

짧은 바늘이 가리키는 숫자가 '시'이고

긴 바늘이 가리키는 숫자가 '분'이란다."

진수는 시계 옆을 만지작만지작.

시곗바늘이 빙그르르.

 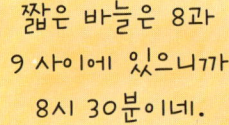

진수는 아이들에게 시계를 내밀었어요.
"이제 너희 차례야.
열을 셀 동안 너희가 올바른 시각을 맞히면
집으로 돌아갈 수 있어.
그 대신 못 맞히면……."
진수는 말끝을 흐렸어요.
아이들은 침을 꼴깍 삼키며 다음 말을 기다렸지요.
"이 숲에서 못 나갈지도 몰라. 자, 누가 할래?"

"싫어! 못해, 난!"

"나도. 나도 안 할래."

아영이와 앵두는 손을 휘휘 저으며 물러났어요.

동이도 쭈뼛쭈뼛 눈치를 보며 망설였고요.

"저, 그게…… 난 긴장하면 막 틀려."

그때 성조가 나섰지요.

"제가 할게요, 형."

성조는 떨리는 손으로 시계를 받았어요.

아까 진수가 가르쳐 준 내용을

몇 번이고 되생각했어요.

'짧은 바늘이 시! 긴 바늘이 분!

긴 바늘이 12에 있으면 몇 시라고 하고,

6에 있으면 몇 시 30분이라고 했지.'

진수는 성조를 지그시 바라보며 입을 열었어요.

"1시 30분!"

진수의 말이 떨어지기가 무섭게

성조는 짧은 바늘을 빙글 돌려 1과 2 사이에 놓고,

긴 바늘을 빙그르르

6에 가져다 놓았어요.

그러자 이게 웬일일까요?

짧은 바늘과 긴 바늘 사이에서

한 줄기 빛이 뻗어 나오더니 앞쪽이 환하게 밝아 왔어요!

아이들은 일제히 진수를 바라보았지요.

"형!"

"진수 오빠!"

진수는 빙그레 웃으며
밝게 빛나는 쪽을 가리켰지요.
그리고 아이들의 등을 톡 밀었어요.
"집으로 돌아갈 시간이야. 어서 가."
진수의 몸에서도
환한 빛이 나기 시작했어요.
그리고 점점 모습이 흐려지면서……
세상에, 이럴 수가!
진수가 통통하고 귀여운
아기 도깨비로 변했지 뭐예요!
아기 도깨비는
방긋 웃으며 말했어요.
"잘 가, 애들아."
그리고 도깨비방망이를 크게
휘둘러 내리쳤어요.

뚝딱!

눈부신 빛이 번쩍하더니 갑자기 안개가
몽글몽글 피어오르며 마치 장막처럼 쫙 펼쳐졌지요.
바로 그때, 눈앞에 놀라운 광경이 펼쳐졌어요!
그것은 바로 아이들의 소원이 이루어진 모습이었어요.
아이들은 넋을 잃고 앞으로 펼쳐질 미래의 모습을
바라보았어요.

"너무 큰 선물을 받았어!"

"우아, 고양이다! 줄무늬가 정말 멋져!"

모두 행복하고 자신만만해 보였지요.
그러다 갑자기 사방이 흔들리더니
회오리처럼 빙글빙글 휘몰아치기 시작했어요.
"아, 어지러워!"
모두들 머리를 감싸 쥐고 자리에 풀썩풀썩.
그리고 얼마나 시간이 흘렀을까요.

"야, 김동이! 또 앵두랑 아영이랑 노냐?
어라, 못 보던 애가 있네."
친숙한 목소리에 눈을 반짝 떠 보니
진수가 또 앞에 서 있었어요.
"진수 형!"
"진수 오빠!"
아이들은 반가워서 진수에게 우르르.
"형, 아까 우리랑 숲 속에서 만나지 않았어?"
동이가 묻자, 진수는 이상하다는 듯 말했어요.
"무슨 소리야? 읍내 도서관에 갔다가 지금 막 돌아왔는데."
"오빠가 시계 보는 법도 가르쳐 줬잖아."
"우리 머리도 쓰다듬어 주고!"
아영이와 앵두가 입 모아 외치자,
진수가 혀를 끌끌 찼어요.
"너희, 똑같은 꿈이라도 꾼 거니?
 아니면 낮도깨비라도 만난 거야?"

낮도깨비!
아이들은 놀랍고 신기해서
서로를 멍하니 바라보았어요.
별별 생각이 머릿속에 떠올랐지요.

어쩌면 아이들은 정말 도깨비를 만났는지도 몰라요.
하지만 뭐 아무려면 어때요.
동이도, 성조도, 아영이도, 앵두도
모두 같은 생각인걸요.

'조금 무섭지만 재미있었어!'
'다음에는
진짜 도깨비를 만나야지!'

어느덧 저녁 해가 서산으로 뉘엿뉘엿.
하늘이 붉게 물들었어요.
네 친구는 서로 마주보고 방긋 웃었어요.
"이제 집에 가자!"
손에 손을 꼭 잡고 폴짝폴짝.
다 함께 노래를 부르며 집으로 뛰어갔지요.

도깨비 잡으러 산으로 갈까나.
도깨비 잡으러 바다로 갈까나.
이영차! 도깨비 잡아 가지고서
라라라라 라라라라 온다나 ♬

산 너머 개울 건너 숲 속에 있는 바위 굴 속에는
장난꾸러기 아기 도깨비가 살고 있어요.
깊고 깊은 숲 속에서 도깨비방망이를
요리조리 휘두르며 친구들을 기다리지요.
혹시 숲 속에서 이상한 일을 겪더라도
너무 놀라지 마세요.
분명 장난꾸러기 아기 도깨비일 테니까요.

"얘들아, 다음에 또 놀러 와. 우리 같이 놀자."